CAYETANO ARROYO

Yo soy tú mismo

Diseño de portada: Editorial Sirio, S.A.

EDITORIAL SIRIO, S.A.
C/ Panaderos, 14
29005-Málaga
España

EDITORIAL SIRIO
Nirvana Libros S.A. de C.V.
3ª Cerrada de Minas, 501
Bodega nº 8 , Col. Arvide
Del.: Alvaro Obregón
México D.F., 01280

ED. SIRIO ARGENTINA
C/ Paracas 59
1275- Capital Federal
Buenos Aires
(Argentina)

www.editorialsirio.com
E-Mail: sirio@editorialsirio.com

I.S.B.N.: 978-84-86221-03-4
Depósito Legal: B-1.581-2008

Impreso en los talleres gráficos de Romanya/Valls
Verdaguer 1, 08786-Capellades (Barcelona)

Printed in Spain

CAYETANO ARROYO

Yo soy tú mismo

editorial Sirio, s.a.

A todos aquellos seres que por su
grado de Razón Objetiva e
Imparcialidad en esta Escuela
Planetaria Tierra, hayan descubierto
la forma de Servir a la Humanidad
en el Silencio y el Sacrificio
Consciente.

Cuando se te dice «Sé Tú Mismo»
no entiendas que se desea Despertar en ti
el egoísmo, sino la Autoconsciencia.
No creas que se pretende Despertar en ti
el deseo-materia, sino el Sentimiento-Luz.
No entiendas que se te trata de apartar
de tu Entorno,
sino que comprendas que tú te ves
en el Entorno.
No creas que se te desea alejar
de tus creencias,
sino que seas consciente
de por qué y para qué las posees en ti.
Llegar a ser «Tú Mismo» es luchar
contra la mecanicidad del «dejarse llevar»
como consecuencia de tu comodidad,
tu herencia, tu educación,
tus circunstancias...
Sé «Tú Mismo».

Eres «Tú Mismo» si no alteras el funcionamiento
armónico de tu cuerpo, y lo cuidas lo suficiente
como para que sea un vehículo perfecto a través
del cual puedas experimentar la Luz.
Eres «Tú Mismo» si regulas tus deseos y
los armonizas dentro de ti hasta sublimarlos
en el Amor Consciente.
Eres «Tú Mismo» si conociendo el juego
de tu mente lo utilizas sin identificarte con él.
Eres «Tú Mismo» si no aceptas nada mecánicamente,
sino conscientemente.
Eres «Tú Mismo» si cuando miras hacia fuera de ti,
sabes que no miras sino a «Ti Mismo» en
distintas circunstancias.

Para conocerte a «Ti Mismo»,
debes estudiar en primer lugar
el papel que te ha dado la vida
y aprender de él,
pero nunca creer que eres él.

Un paso vivido en la experiencia
habla más que mil libros.
Un obstáculo trascendido
es más que mil pasos caminados en la oscuridad.
Del valle a la montaña,
¡cuántas jornadas hay de camino!
De lo que somos a lo que vemos
hay mil valles y mil montañas,
y, sin embargo, un pajarillo
lo recorrería con uno solo de sus aleteos.

Ejercítate en «Ser Consciente de Ti Mismo».
Cada acción realizada por tu personalidad
es una lección que debes aprender.

Como Cayetano, soy una ínfima
parte de «Mí Mismo»,
una parte que me impide verme en Mi Todo,
porque está sujeta a la trampa del Tiempo
vivido en tres dimensiones.
¡Oh, tiempo!,
déjame descorrer tu velo
para poder dejar esta máscara ilusoria
y poderme contemplar en toda mi amplitud
en el «Yo Soy Eso».

Mi personalidad es el Todo Abarcante
en unas circunstancias,
un tiempo y un nivel de Sí.
Ésta es la prueba y la experiencia,
el papel que hay que trascender sin romperlo.
Aun así, esta personalidad humana
es una parte insignificante
de otra personalidad
que agrupa en ella todos mis estados
como una posibilidad del Todo Abarcante
para «Conocerse a Sí Mismo».

Recuerda, ¡oh, hermano!,
que sólo sabrás lo que te guarda
la cima de la montaña
cuando subas hasta ella.
Muchos te pueden contar lo que han visto;
esto sólo debe darte fuerzas para subir.

Has de saber, hijo del Sendero,
que antes de venir a esta vida,
escogiste tus circunstancias
y también tu camino.
No dejes que el No recuerdo
y la ignorancia de este plano
puedan empañar tus pasos.

Cuando dices: «¡Qué mísero es ése!»,
aún no comprendes
que te estás llamando mísero en él.
Cuando dices: «¡Aquél es un ladrón!»,
aún no entiendes que estás viendo en él
al ladrón que hay en ti.

Cuídate del intelecto.
Él está al servicio del Deseo
y siempre lo justificará.
Sólo cuando llegue el No Deseo
el mecanismo del intelecto te servirá
para visitar las estrellas.

Como el niño cuando da sus primeros pasos
solo y no quiere que nadie le ayude,
te caerás muchas veces.
No pierdas nunca tu meta, ¡oh, Hijo de la Luz!;
llegará el día en que tus pasos sean seguros
y tu andar firme.
Que cada caída sea un impulso.

Un pajarillo nunca abandona sus crías.
La lluvia nunca abandona sus campos.
¡Cómo se te iba a abandonar a ti!
¡Oh, Hijo de la Luz!
No seas ciego, ni desesperes,
ni pidas con tu ignorancia cosas
que no estás preparado para recibir.
Al no recibirlas,
puedes pensar que nadie te oye.

No olvides que andamos
sobre las arenas del tiempo.
Aprende de todo, ¡oh, hermano!,
porque aquello que pasa
nunca vuelve de la misma forma.

Cada humano es como una gota de agua,
en la corriente del río de la vida.
Tiene tres opciones:
dejarse llevar por ella,
pararse,
o ascender contra corriente
de nuevo hasta el manantial.
Y así,
¡qué pocos de entre los humanos
hacen lo segundo!
Más difícil aún es hacer lo tercero.
Mas aquel que persevera
descubre el ángulo y la forma de realizarlo.

Aprende, ¡oh, hermano!, que cuando
miras a un hermano tuyo
no estás sino «mirándote» en sus circunstancias.

Hijo mío: anda despacio pero no mires atrás.
Busca el silencio en el bullicio de la vida.
Busca el calor en cada corazón humano.
Alimenta adecuadamente tu cuerpo planetario.
Cuida el aliento de tu cuerpo astral.
Selecciona los pensamientos
que alimenten a tu cuerpo mental.
Aúnalos a los tres en Uno,
ese Uno que seas «Tú Mismo»;
limpio, transparente, sincero, sereno.
Y así todo cuanto salga de ti será
limpio, transparente, sincero, sereno.
Y así tu corazón será el corazón del mundo
y tu camino el camino que te saque de él
hacia más alados destinos.

Cuando un pajarillo vuela
no conoce la ciencia del vuelo.
Cuando un ruiseñor canta
no conoce la ciencia de la melodía.
Cuando una flor crea sus adornos
no conoce la ciencia de los colores.
Y aun así, son maestros.

Qué poco se conoce un olivo
si dejándose llevar por la vista de fuera
al ver al chopo
desea ser tan alto como él.
Aún menos se conoce el hombre
que dejando las posibilidades
que se le han dado en sus circunstancias
anhela las posibilidades de otras circunstancias.

Para pasar de un mundo a otro
la puerta es Uno Mismo.
No hace falta que utilices los pies
en lugares donde sólo anda el pensamiento.
El caracol nunca se aleja de su casa
aunque vaya de una parte a la otra del jardín.

Cada organismo transforma un tipo de energía
dentro de este otro organismo mayor que es el mundo.
El mundo a su vez transforma un tipo de energía
dentro de este organismo mayor que es el Universo.
El tipo de energía que destilan
crea la forma de los seres.
La limpieza de esta energía
marca su estado de Evolución.

Un día fui a un río y vi maravillado
cómo la transparencia del agua
me dejaba ver las piedras del fondo.
Pasaron mil años, volví al mismo río
y vi maravillado cómo en su superficie
se formaban interminables ondas.
Pasaron otros mil años y al volver al río
vi maravillado mi propio rostro reflejado en él.

Un día me dije:
«Tú y yo no podemos estar en este cuerpo;
o te vas tú, o me voy yo
pero tú y yo no podemos
estar en el mismo sitio».
Y tú viniste y me dijiste:
«Yo soy tú».
Entonces te dejé ser Uno conmigo.

Y oí un ruiseñor que decía:
«¿Qué utilidad tiene mi vida en este valle?».
Y llegaba su decir como bello canto a mis oídos.
Y le respondí:
«Un pie nunca sabrá para qué sirve al hombre.
Si dejaras de ser ruiseñor
sabrías lo que es ser ruiseñor».

Cuando viene el viento
sólo prevalece lo que está bien plantado.
Así, sólo cuando viene el fuerte viento
se sabe lo que desde siempre está bien plantado.

No pesques con red
si te basta un anzuelo.
No caces con escopeta
si te basta una flecha.

Cuando se mira una flor
no se ve el sufrimiento que la ha formado.
Cuando se ve un Ser Perfecto
se ignora cuántos momentos de
lucha interior lo modelaron.
Los sentidos sólo nos presentan
el no ser de las cosas;
por eso el sabio sabe servirse de ellos
sin dejarse seducir por ellos.
Sabe sacarles el máximo
provecho sin sucumbir.

Creer ser útil
es un índice de inutilidad.
Creer hacer
es un síntoma de pereza.
Buscar la Luz
es sentirse lejos de Ella.
Decir que se sigue un camino
es tener poca confianza en los pasos.
Por eso el sabio
sin creer ser útil
es la misma utilidad.
Sin creer hacer
es el Hacer.
Sin buscar la Luz
es la Luz misma.
Sin decir que no busca ningún camino
es todos los caminos.

Cuando la Soledad
se siente a descansar sobre tu corazón.
Cuando tus ojos la vean
en todos los caminos
y entre todos los hombres...
Mira hacia el cielo;
siempre encontrarás una estrella.

La forma le da a cada ser
el tipo de energía que filtra.
Toda forma en esta vida sirve para algo,
viene de algo y va hacia algo.
Ante la limitada comprensión humana
esto es un misterio.
¡Cómo una oruga que hace su vida en un pino
podría comprender todo un jardín!
Sólo volviéndose mariposa lo comprendería.
Mas aun así, ¿cómo podría tener comprensión
del Planeta Tierra?

El ignorante tiende a huir
de todo aquello que no le satisface.
El sabio aprovecha todo lo que no le apetece
para hacerse fuerte haciéndolo.
Porque comprende que todo aquello que ya sabe
no le cuesta trabajo realizarlo,
mas aquello que no sabe se presentará
ante él como una carga que ha de trascender
si desea Crecer.

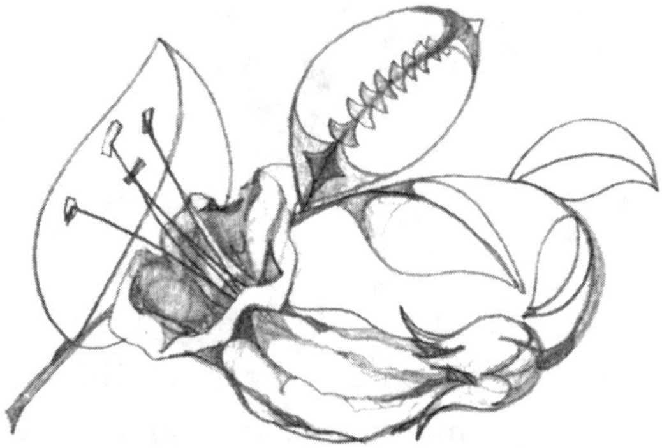

Cuando hagas algo, hazlo bien.
Que no te importe el tiempo de fuera;
sólo el tuyo interior te pertenece.
Si haces algo bien,
puedes hacerlo todo bien.

Todo le llega a aquel que sabe esperar.
El secreto no está en el pasado ni en el futuro,
sino en el Ahora.
Andar en el pasado es vivir para el recuerdo.
Andar en el futuro es vivir
para algo que quizás no sea.
Si vives el Ahora,
el pasado y el futuro irán en tus pasos.
Sólo el sabio comprende que saber esperar
es no dejar ir ningún momento
sin desvelar lo que ese momento le guarda.

El hombre silencioso entre el tumulto
es cien veces más fuerte
que el más grande meditador solitario.
El hombre no violento es cien veces más grande
que el más valeroso soldado;
podría recoger el fruto triunfante
de un momento cualquiera.
Muy pocos son los capaces de recolectar
el fruto de la constancia.
Sólo el que es constante
puede llegar del valle a la montaña de la luz.
El inconstante encontrará muchos desfiladeros.

Ignorantes son aquellos que sólo ven
un camino para llegar a la cima de la montaña.
Más ignorantes son aún aquellos
que tratan de imponer su camino.
No hay dos hombres iguales
como no hay dos hojas iguales;
aunque pertenezcan a un mismo árbol,
cada una toma el sol de una forma
y sin embargo todas sirven al árbol.
Pero muchos ignorantes entre los hombres
tratan de dar normas para tomar el sol
y muchos entre ellos crean leyes
para llegar hasta él.
No saben que esas leyes pueden servir
a los que las crearon
mas a otros pueden cortarles sus pasos.
El hombre sabio,
por ser sabio, comprende
la situación de cada uno
y en esa situación trata de llevarle la calma.
No lo activa, sino que hace que él se active.
No le impone, sino que hace que él se imponga.
No le alimenta, sino que hace que él se alimente.

A muchos creyentes
sus propias creencias los separan de la Verdad.
Las creencias no son un fin,
sino un medio
para llegar a ser Uno con Todo.
Sólo a través del Camino Interno
se puede llegar a esto.

El sabio sabe estar en todas partes
donde le ofrecen enseñanzas,
para aprender de ellas.
Mas nunca pertenece a ninguna.
Sabe beber de todas las flores,
mas nunca dice: «Ésta es de mi preferencia».
¿Qué podría ocurrirle a una abeja,
que sólo creyera ver una flor en el jardín?
Ella misma se estaría cerrando el paisaje.
Y ¿cómo dialogaría con otras, sin ser parcial?

Hay tres tipos de hombres.
Unos son aquellos que durante toda su vida
hacen lo mismo.
Una y otra vez se repiten
y parecen guiados por una fatal indolencia.
De este tipo pueblan cientos de millones
la Escuela Planetaria Tierra.
Ellos nunca se saldrían del camino
que marcan las estrellas.
Otros son aquellos
que hacen de sus vidas una lucha,
entre su mundo interior y el mundo de fuera.
Son éstos los que, exteriorizando sus inquietudes,
polarizan las inquietudes del pueblo.
Venciendo sus defectos, marcan un camino,
para que el pueblo venza los suyos.
Éstos se salen del camino que marcan las estrellas,
según la fortaleza de su voluntad.
Hay un tercer tipo de hombres;
nadie habla de ellos porque desconocen su existencia.
Ellos conocen las Leyes del Cielo
y por ello trabajan bajo su guía.

El gran reto del hombre
se lo marca la vida frente a sí mismo.
De éste ha de salir vencedor o derrotado.
Todo el mundo de fuera
se lo ha creado el hombre para justificar
el hecho de no mirarse a sí mismo.
Para no enfrentarse consigo mismo
ha presentado innumerables batallas hacia fuera.
Para no culparse a sí mismo
ha culpado a aquellos que no le podían responder;
por esto ha desolado a la Naturaleza.
Quiere huir de sí mismo y esto es tan imposible
como retener la muerte.
¡Si él supiera que sólo en sí mismo
puede encontrar la paz que espera!

Por la sombra de la identidad,
cuánta luz cambia el hombre.
Por la sombra de los deseos,
vende toda su Luz Interior.
Si quieres ser Luz en la luz,
fundirte con ella siendo Uno,
tienes que abandonar las falsas sombras
que te hacen creer ser alguien.

Si estás preparado para luchar
contigo mismo,
adelante.
Si no estás preparado,
busca el sendero fácil,
sigue la indolencia y la comodidad
de esta ilusoria vida.
Algún día te convencerás
de que no te llevan a ninguna parte.

Pensar en los resultados
no es correcto.
Debes hacer sin pensar en los resultados
de tu hacer.
Que no importe el fin del camino,
sino las enseñanzas que te reporta
su paso por él.

El ignorante huye de la Soledad
buscando el mundo de fuera para distraerse.
El sabio se hace amigo de su Soledad
y ésta le abre su corazón.

Cada choque con la vida
nos trae una meta que es necesario trascender.
Cada inconveniente es un reto.
Cada circunstancia es una posibilidad.
El ignorante piensa que todo viene a él por Azar.
El sabio sabe que no hay cosa bajo el cielo que no
siga un orden.
Por esto es sumiso con el Destino
y el Destino le da la Experiencia.

No hay mayor ignorancia que la de creer saber
en medio de esta oscuridad.
El sabio sabe que creer saber
lo aleja de la esencia de las cosas.
Y que no creer saber lo acerca a ellas.
Por eso cuando actúa no piensa
y por lo tanto Es.
Cuando anda no busca ninguna meta
y por eso va en «Sí mismo».

Le pregunté un día al río
y no me contestó nada.
Le pregunté un día a la montaña
y no me contestó nada.
Le pregunté un día al cielo
y no me contestó nada.
De todo este silencio nació Algo.
Y ese Algo me dio la respuesta.

Un dedo de la mano
decidió un día vivir independiente.
Entonces se dio cuenta
de que había otros dedos independientes.
Un día se peleó con ellos
porque trataban de asir un lápiz junto con él.
Y porque no podía presumir
de tener cuidada su uña,
ya que sin explicárselo
los demás también,
al mismo tiempo, la tenían.

Un día se encontró
un dedo del pie con uno de la mano.
Este último le dijo:
«Eres perezoso, gordo e indolente».
Y el dedo del pie le respondió:
«Tú, sin embargo, eres nervioso,
brusco e insoportable».
Y para el cuerpo
ambos realizaban bien su función.

Abrí un día mi ventana
y vi un horrendo paisaje lleno de ruidos.
Abrí otro día mi ventana
y vi un maravilloso paisaje lleno de música.
Entonces comprendí
que lo horrendo o lo maravilloso estaba en mí.
Que el ruido o la música eran «Yo mismo».

La vida es transitoria como el agua de la lluvia.
No dejes pasar tu tiempo en tareas inútiles y vanas.
¡Oh, hermano en el Sendero!

No enjaules a un pajarillo.
Ni cortes una flor.
Ni martirices a los animales.
Descubre lo que intentan decirte.

No olvides:
si tomas más de lo que puedes digerir,
te ahogarás.

Trasciende la ignorancia.
¡Oh, hijo de la Luz!
Y como el niño,
crece hacia la comprensión
del por qué y para qué de tu existencia.

Comer carne es perjudicial
porque te hace propenso a la violencia
y a otros desórdenes propios de la ignorancia.
Aun así, si tomas de ella,
abstente de hacerlo con luna llena de Saturno
y luna llena en Neptuno.

Huye de todos los espectáculos violentos.
Así no vendrá la violencia a tu corazón.

Huye de la maledicencia como de la peste.
Que todos tus pensamientos
sean para construir el Bien.

Aquel que corre tras los placeres de este mundo
es un espíritu aún joven.
Por ello necesita escudriñarlo, poseerlo
y darse cuenta de su vanidad.
Aquel que corre a desnudarse
de los placeres de este mundo
y vive como los pajarillos
es un espíritu viejo
que aprendió todo lo que le ha dado
esta Escuela Tierra
y le devuelve todo cuanto le prestó.

El actor y su papel son simultáneos.
¿Dónde empieza uno y dónde empieza el otro?
Y sin embargo,
¡cuánta diferencia hay entre un pie y su zapato!

¡Cuántos son ciegos porque se tapan
los ojos con las manos!
Mas antes de reconocer esto,
prefieren mil veces culpar al mundo de oscuro.

Huye del fanatismo, ¡oh, hermano!
Muchos son fanáticos por ignorancia:
sólo ven ese camino.
Otros por comodidad:
prefieren que los dirijan.
Otros por intereses:
¡qué difícil es desprenderse hasta dejar toda posesión!

Avivar el sexo con la imaginación
es como soplar sobre una candela en un pajar.
¿Cómo la controlarías?
Apaga la llama cuando aún la abarque tu pie.

Recuerda, ¡oh, hermano!,
para entender mejor la Ley de la Reencarnación
te has de salir del tiempo de tu personalidad.
Mucha ignorancia hay en el mundo
sobre la Ley de la Reencarnación.
Cuando estoy leyendo un libro
y me centro en una página,
todas las demás desaparecen
y es su trama la que continúa.
¡Qué importa que tenga una o mil hojas!

Se critica al hermano lobo porque es feroz
y esto es suficiente para exterminarlo.
Se critica a la hermana águila
porque es señora de los cielos
y mata a su antojo a los corderos que nos alimentan,
y esto es suficiente para exterminarla.
Pobre del hombre si nuestros Hermanos Mayores
siguieran sus mismas deducciones.

El conocimiento de «Ti mismo»
que haces consciente en esta vida
es el que necesitas para el trabajo
que debes realizar en ella.

¿Qué es la pereza, sino la involución
disfrazada de comodidad?

Da a tu cuerpo físico limpieza y alimentos puros.
A tu cuerpo astral, aire limpio.
A tu cuerpo mental, ambientes
donde fluyan buenos pensamientos.

Nunca envidies a aquellos
que tienen lo que tú deseas;
ellos pueden desear lo que tú tienes.

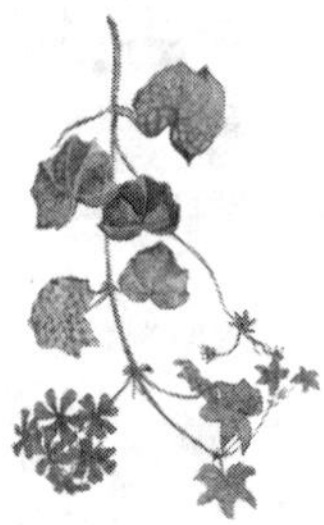

Tus pasos son el camino,
las huellas tu identidad.
Que las huellas no te distraigan.

En dos dimensiones no podríamos unir
los pétalos de una margarita.
En tres dimensiones están unidos.
En tres dimensiones no podríamos unir
los planetas entre sí.
En cuatro dimensiones están unidos.

No dejes, ¡oh, hermano!,
que tu verdad te impida ver la Verdad.
Son muchos los caminos que te pueden llevar
a la Cima de la Montaña.
No impongas el tuyo.

Camina a tu paso. Descansa andando.

No dejes que aquello que crees que piensan de ti
te impida ser «Tú mismo».

No pierdas el tiempo
haciendo conjeturas sobre Dios.
¿Cómo una mariposa podría hacerse
una idea del hombre?
¿Cómo una flor podría comprender todo el prado?

Hermano, qué contento vendrá a ti
cuando veas claro que un paso dado hacia «Ti mismo»
es mil veces más valioso
que los mil pasos que obligaste a dar a los demás.

Si no está dentro de ti el Maestro,
¿cómo lo reconocerás fuera?

Cuando viene la lluvia, todo se limpia.
El sufrimiento es la lluvia sobre tu vida.
Cuida de encauzar sus aguas.

Sólo podemos acelerar o retardar
nuestro caminar sobre el tiempo.

El perfume es la flor hecha aire.
¿Cuál es el perfume de tu Ser?

Hay muchos en los que te necesitas.
Que todos los días derrames tus buenos pensamientos
y tus obras sobre ellos.

Evita la intolerancia.
Al no saber algo,
no niegues la posibilidad de que sea.

Quien dijo:
«El dos es más que el uno
y el nueve es menos que el diez»
¡qué poco entendía el Espíritu de los números!

Con un trozo de pan
puede calmar un hombre su hambre.
Con un vaso de agua puede calmar su sed.
Pero ¿cómo calma su envidia el hombre?
¿Cómo calmará sus deseos?
Una vida no sería suficiente.

¡Cuántas nubes pasean un día por el cielo!
¡Cuánta agua pasa un día por el cauce de un río!
¡Cuántas olas de vida pasan en un
ciclo por un planeta!
Plantearse de dónde vienen y a dónde van
es ser parciales en la observación.

Nunca pretendas llevar tú la razón.
Cada uno lleva su razón
y ésta es la Ley.

Ve siempre el lado bueno de las cosas,
porque no sabes con qué intención
salieron de cada corazón.

Que los ojos no te cieguen.
Que los oídos no te ensordezcan.
Que las manos no te roben.

Conforme vayas elevándote
en el conocimiento de «Ti Mismo»,
irás saliendo de la Torre de Babel de los hombres
y comprendiendo «el Idioma de los Pájaros».

Toma de todos los Maestros
lo bueno que te puedan dar;
cuida de no crearte ídolos.
Quien se queda en la forma
rara vez ahonda en el contenido.

Qué meta más loable
es llegar a ser «Uno Mismo».
Pero muchos confunden esto con el egoísmo.
Egoísmo es huir cada vez más de «Uno Mismo».
Sólo siendo «Uno Mismo» se sirve al mundo.
Y servir al mundo es servir al «Uno Mismo».
¿Cómo serviría mejor la hoja del árbol
sino siendo «ella misma» en toda su plenitud?

En cada vida están todas las vidas.
Por una vida
se podría ver todo el trayecto de un ser
desde su nacimiento.
Trascender una vida es subir un peldaño
en la «Conciencia de Sí».
No trascenderla es pararse en el camino.

Las Tres Santas Fuerzas
se dan en todo Ser del Todo.
La Afirmación del Árbol
son su tronco, ramas, hojas y frutos.
La Negación del Árbol
son sus raíces.
La Conciliación del Árbol
es el equilibrio de estas dos Polaridades
para llegar a ser Árbol.
Aun dentro de cada fuerza están las tres.

El cielo y el infierno de tus acciones
los crea tu conciencia aquí.
Ella misma al crearlos
se paga el premio o la deuda.

Andar en la oscuridad
es estar abierto a todos los peligros...
Hasta que seas «Tú Mismo»
andarás en la oscuridad.
¿De qué te sirven las sombras pasajeras?
¿De qué te sirven las velas
que por un momento te aclaran el camino
en el horizonte pasajero?
Sólo cuando se encienda la luz de tu pecho
y se ilumine tu cabeza,
sólo entonces no temerás al paisaje
ni temerás hacia dónde vas.

Cada hombre destila un color
y dentro de él limpia una tonalidad.
Mucho influye en esto la mano de los astros.
Ellos bautizan a cada hombre
según el momento de su nacimiento.
Cada ser, de esta forma, escoge su camino
antes de nacer.
Antes de nacer se marca sus pasos.
Aun así, muy pocos desarrollan
todas sus posibilidades
y aún menos son conscientes, en su vida, de esto.

El deseo del instinto subyuga al hombre.
Los apetitos del cuerpo lo vuelven ciego.
Pero el sabio sabe que por encima de ellos
está la imaginación.
Controlando la imaginación se
controlan los instintos,
transformando su energía en cosas más elevadas.

La infinitud de los cielos
hace limitado al hombre.
La majestad de las montañas
hacen al hombre pequeño.
La fluidez de los ríos, sabiendo a dónde van,
hace al hombre lento.
El perfume de las flores
hace al hombre maloliente.
Y, sin embargo,
¿qué sería de todas estas cosas
sin alguien que las pudiese valorar?

Todo crece por el sufrimiento.
Sufrimiento es dejar de ser algo
para llegar a ser otra cosa.
El que sabe esto
aprende a no sufrir, sufriendo.
Sabe que el sufrimiento consciente
le hace crecer conscientemente
al margen de su crecimiento mecánico.
¡Qué pocos le han ganado un trecho
a su evolución por este difícil camino!

Aquellos que quieren seguir el Camino
saben que su único compañero
es el Sacrificio Consciente.
Desde el valle hasta la montaña,
¡cuántos peligros nos acechan!
Muy pocos llegan a la cima.
Procura llevar las alforjas ligeras
y el agua racionada.
Procura no dejar
que el cansancio apoye tu pereza,
ni vuelvas nunca la cabeza atrás
porque tu vanidad puede frenarte.

Sepas lo que sepas, guarda silencio.
A nadie enseñarás nada más
de aquello que sabe.
Y si amplía su saber tomándolo de ti
sin estar preparado,
será un saber superficial en él
y sin fondo.
La sabiduría no se regala,
se trabaja en el roce con la vida
y el sacrificio cotidiano.
A aquellos a quienes debas decirles algo
la misma vida los pondrá parejos a tu camino
y andando los enseñarás a andar.

Todo es simultáneo.
No te dejes engañar por
el antes o el después que nace en tu mente.
¿Qué es antes, la primavera o el otoño?
Palabras vanas de un mismo Todo.

Llegará el día en que desees Ver,
porque comprendas que estás ciego.
Ese día has empezado a nacer
a un nuevo mundo más Real,
como el gusano de seda cuando inicia su capullo.

Cuando seas capaz de Hacer
¡oh, hermano!, Serás.

¿Qué importa que un árbol esté torcido
si ha ido derecho hacia el sol?
Cuídate de que aparentar estar derecho
no te haga torcido en tu búsqueda.

Los ruidos de fuera
engañan tu Silencio Interior.
Las voces de fuera
no dejan hablar a tus voces de dentro.
Cuando lo de fuera
no te desvíe de lo de dentro
empezarás a andar.
Cuando por lo de dentro
comiences a valorar las cosas de fuera
empezarás a sentir.
Cuando las cosas de dentro y de fuera
sean una sola cosa en ti
empezarás a razonar objetivamente.

No hay nada más grande en este mundo
que ser útil.
Por el grado de utilidad
se miden los hombres.
Hay tres categorías de hombres:
los que son obligados a ser útiles,
los que venden su utilidad por dinero
y aquellos que son útiles en honor de la fama
o del prestigio.
El sabio está por encima de ellos,
porque es útil como la hierba
que, dándose en alimento, se deja pisar.
Como el laurel que da su fragancia,
sin pedir nada al valle.
Como una manzana que cae del árbol
para aquel que la necesite,
sin preguntarle su identidad.

El silencio de la raíz mantiene al árbol.
El verde de las hojas permite que respire.
El color de las flores atrae a las abejas.
La flexibilidad del tronco lo hace permanecer.
Cada cosa, siendo distinta,
se complementa en su armonía.

Hay tres caminos para llegar a la montaña.
Uno es el serpenteante camino que bordea la costa,
largo y llano, amplio y hermoso.
Otro va por el bosque,
es frondoso y lleno de sorpresas.
Mas aún hay un tercero que es pedregoso y áspero,
lleno de espinos,
pero es un atajo.

No seas como el ignorante
que cree que el papel que realiza en esta vida
es «Él Mismo».
De tal forma que supone,
que cuando termina ese papel, termina él.

No olvides que un río no conoce la sed,
la lluvia no conoce la sequía,
ni el sol conoce el frío.
Asimismo, tú nunca sabrás lo que Das,
a menos que tengas Conocimiento.

De fuera pueden venir sugerencias
pero las decisiones sólo tú las puedes tomar,
con todas las consecuencias para ti.
Sólo así se aprende.

Estás dejando de ser «Tú Mismo»
cuando permites hacerse en ti
todo aquello que no es necesario.
Aprende a distinguir
lo necesario de lo que no lo es.

La Mano de la Vida trae hasta nosotros
las vivencias que necesitamos.
No desesperes, ¡oh, Hijo de la Luz!
cuando no te trae lo que deseas.

Cuánto error el de muchos hombres
que cifran su vida
en tratar de cambiar a sus semejantes,
sin empezar a cambiarse a «Sí Mismos».
Son un pozo vacío
que invita a todos a beber de él.
Cuando un pozo se llena de agua
no precisa pregonarlo;
los que la necesitan vienen a beber.

La modulación del Amor
por las particularidades de una existencia
crea el Sentimiento.
Como el viento modulado por una flauta
se hace música.
Así, el Amor modulado por los sufrimientos
se hace Sentimiento.

Colócate en el lugar de aquellos a los que criticas
y aprenderás a no criticarlos.
Si no lo haces, tarde o temprano
la Mano de la Vida te colocará en ellos
para que aprendas a respetarlos.

Conforme vayas despertando de la hipnosis
en que está envuelta la humanidad,
más tendrás que vencer el impulso del sueño.
¡Oh, hermano! Sé fuerte en el Sendero.

Bien sabes que lo que aquí,
en este mundo, se llama muerte,
no es sino el Despertar
a un mayor nivel de «Conciencia de Ti».
Recuerda la metamorfosis del gusano de seda.

Con la personalidad o «conciencia de estar»
vas recorriendo lo que en el «Yo Soy»
es un continuo Ahora.

Cuando la vida se viste de flor nos engaña.
Cuando se viste de pajarillos,
aún más se burla de nosotros.
Cuando se viste con nuestros cuerpos,
¡cómo juega con nosotros!
Ella misma se engaña
cuando se mira con todos sus disfraces
en el espejo del río.
Pero aquí no puedo verme.
Al verme tal y como soy no me reflejaría.

Ser poderoso en el mundo
es la meta de muchos seres humanos.
Llegar a controlar y dirigir a sus semejantes
es una antigua pretensión humana.
Muy jóvenes en los caminos del Espíritu
son los que cifran su existencia en esta pretensión.
Más jóvenes aún e inexpertos
son aquellos que creen que con esto lo tendrán todo.
Por esto el sabio huye del poder,
huye de todo aquello
que le dé un mando de miedo sobre los hombres.
Sólo desea Servir
como sirve el árbol
desprendiéndose de sus frutos.
Como sirve el jazmín
llenando de aroma el atardecer.

Cada hombre es un camino.
En cada hombre se cumple una meta
según la prescripción del Cielo.
Lo más bajo subordina a lo más alto.
Porque lo más elevado
siempre se acomoda a lo más bajo
para sacar la enseñanza.
Así crece lo bajo a alto de otro bajo.
Y aun así todo está desde siempre...

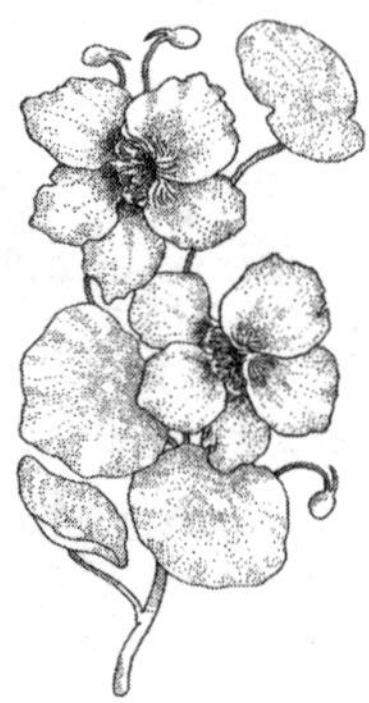

Para un ser de cuatro dimensiones,
¿qué rincón oscuro habrá en nuestro cuerpo?
Él lo lee como nosotros leemos un pergamino.
Así, un pergamino en sí no sabe lo que soporta,
ni para qué sirve.
Sólo desde una dimensión mayor
alcanzaría la Conciencia.

El hombre ha hecho de Dios una palabra.
Ha hecho del Amor una palabra.
De la Caridad ha hecho una palabra.
Y se ha encadenado a ellas
porque no sabe andar sin palabras.
Es como un ser que se ha vuelto paralítico
para probar las muletas que él mismo ha inventado.

Mientras más alto subes, más abarcará tu vista.
Conforme vayas descendiendo hasta el valle,
más se limitará tu visión.

Nunca te midas con nadie,
porque siempre es la vejez del espíritu
la que prevalece.

Sólo el hombre es capaz de pelearse
por una cáscara de nuez,
dejando el fruto en el suelo.

Siempre que puedas, cuida de los niños
para que crezcan sanos, sin manipulaciones
y sin coacciones de ningún tipo.
Así, cuando entren en la edad «yo soy el entorno»
podrán más fácilmente ser «Ellos Mismos».

A un árbol lo puedes cortar,
pero la idea de Árbol
cuanto más la cortes
más fuerza tomará en ti.

Que querer andar el Camino
que marcan las tradiciones
no te impida andar Tu Camino.

¡De un tronco, cuántas ramas pueden salir!
¡Cada una es un pensamiento del mismo árbol!

Cuando captas los fenómenos
de fuera de «Ti Mismo» con el cuerpo mental,
nace la Ciencia.
Cuando los captas con el cuerpo astral,
nace la Religión.
Cuando los captas con el cuerpo físico,
nacen las Sensaciones.

Observa que las cosas «suceden solas».
Está preparado para aprender de ellas
tal y como vienen a ti.

Recuerda: en este Plano no hay nada más grande
que el don de la vida.
Cuídala en tus semejantes,
así como en todos los seres vivientes.

Nunca solucionarás los problemas
sentado en una piedra del camino.
Sólo andando verás su fin.

Pecar sería estar parado
cuando sabes que tienes que andar.

Dos ramas del mismo árbol:
una ve la salida del sol y la otra su ocaso.

Escucha, Hijo de la Luz,
«recuérdate a Ti Mismo»
al hacer cada acto que te traiga la vida.

La alegría y el dolor son producto
de la dualidad ilusoria de este mundo.
¡Abre bien los Ojos!

El futuro es tal y como ha sucedido.

Todo aquello cerrado sobre sí mismo
en una dimensión
está abierto para la dimensión
inmediatamente superior.
¿Cómo comprendería un cerebro en tres dimensiones
que el Sol es simplemente una salida de energía
de la Cuarta a la Tercera Dimensión?
¿Cómo comprendería un cerebro en dos dimensiones
que la gota de agua que cayó del cielo
no ha nacido de la nada?

Cuando nace el diálogo con la Hermana Soledad,
nace el Hombre Nuevo.
El Hombre Nuevo nace desde dentro hacia fuera
como nacen las flores.
Aunque el sol las calienta
y el agua las vivifica,
sólo su sacrificio interior
hace que se exterioricen
en mil colores a la luz.

A aquél que ha llegado al
«Desprendimiento Consciente»
¡qué le importa no tener nada, o tener una fortuna!
Sabe que sólo son medios para Darse en los demás.

Muchas cosas me ha dicho la hermana
Montaña del Hombre.
Ella, que lo ha criado entre sus faldas
y sabe su historia desde que era apenas
un esbozo en las Manos del Tiempo.
Y ella me ha dicho:
«¡Cuántos ídolos ha creado el hombre
para no creer en "Él Mismo"!».

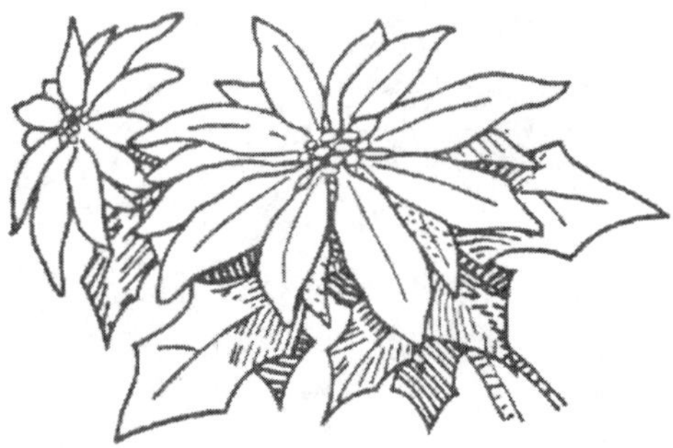

De nada sirve que tomes una flauta,
si no entiendes de música.
Pero no impidas, en tu ignorancia,
que la use otro que sabe tocarla.

Cada nueva rama de un árbol
es una esperanza en la investigación de su entorno.
Que cada acto sea una rama de tu árbol.

Ten presente, ¡oh, hermano!,
que todo está lleno de vida.
El Universo es un ser vivo
cuya belleza te deslumbraría
si pudieras verlo en su conjunto.

No esperes que nadie te inicie.
Ni esperes que nadie de fuera de ti
te traiga la varita mágica de tu realización.
No seas cómodo.
Sólo tú puedes hacer tu camino
y el camino sólo empieza en ti,
cuando seas «Tú mismo».

Practica la No Identificación con Eso, siendo Eso.
Practica la No Consideración interior ni exterior.
Practica la No Expresión de emociones desagradables.

Sólo puedes andar hacia delante,
hacia atrás o estar parado.
Si eres sabio sabrás que las tres cosas son necesarias,
si sabes lo que buscas.

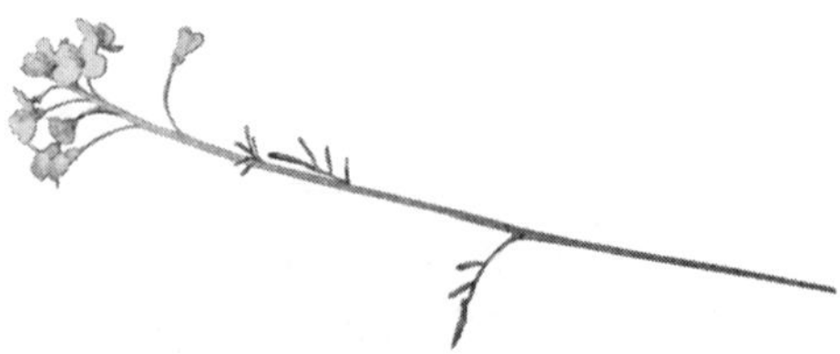

Es difícil plantearse el porqué
de esta efímera existencia.
Aún más difícil es llegar a comprenderla.
Y aún muchísimo más difícil es realizarla.
¿Cuántos hay que por este pedregoso camino
no han vuelto cien veces sobre sus pasos
y han mirado con ojos distintos las mismas estrellas?

Signos de compasión son aquellos
que se dejan llevar
por lo mecánico y ciego de esta vida.
Y se van de ella sin haber sido «Ellos Mismos».

¡Oh, hermano! Tarde o temprano
te encontrarás en el camino
dialogando con la Soledad.
Escúchala.
No te vayas con el bullicio,
dándole la espalda.

Hay un idioma que une todos los Planos.
Hay una Lengua que permite dialogar con los dioses.
Estos sonidos y signos guturales
que sirven para comunicarnos
tan sólo son un balbuceo en comparación con Él.
De ese Lenguaje sólo quedan migajas de palabras
distribuidas en las tradiciones
y en los textos antiguos.
Tan sólo un gesto de Arriba
puede abrir la puerta.

Sólo se crece cuando se sufre.
No sufrir marca un descanso
en el Sendero del Crecimiento.
¡Cuánto se multiplica el esfuerzo de un tronco
al nacer en mil esfuerzos cuando hecha ramas!

Hay un camino que nos contacta con Todo.
Hay un hilo que une las perlas.
Deja de ser perla y lo encontrarás.

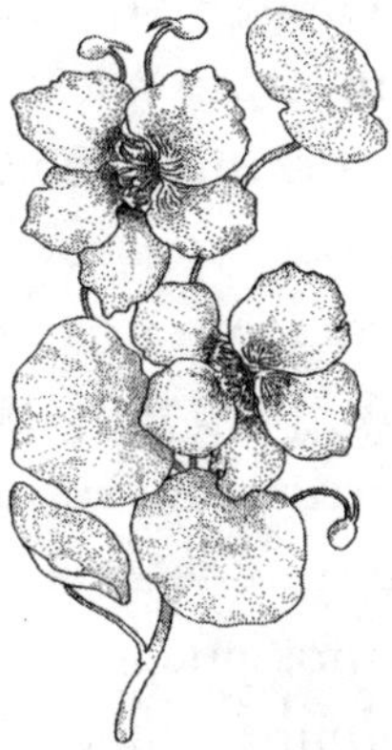

Hay espíritus que vienen del Pasado.
Hay otros que vienen del Futuro.
Estos últimos son los únicos que traen la renovación,
la posibilidad de mejorar lo que desde siempre Es.

Los gusanos de seda se pueden preguntar
dónde está su utilidad.
Mirando a un lado y a otro, no la encontrarían.
La seda es su pensamiento.
Saben que se van debilitando y se les acerca el final,
pero no saben que están haciendo su envoltura
para transformarse.
Saben que mueren, pero no saben que en esa muerte
están entrando en una vida mayor.
Saben que pasan, pero no saben que pasando
están construyendo su raíz futura.
De un gusano de seda, ¿cuántos
gusanos pueden salir?
De un hombre sabio, ¿cuántos
hombres pueden hacerse?

El hombre sabio habla con su vida.
Dialoga sólo con sus pasos y por
esto es fuerte y seguro.
Nunca dice a nadie lo que ha de hacer,
simplemente da posibilidades
para que cada uno haga lo que ha de hacer.
Sin dar nada, lo está dando todo.
Sin recibir nada, está abierto a todas las partes.

Toda enseñanza tiene su momento;
tratar de mantenerla en el tiempo
es parar la evolución.
Toda doctrina es un medio
para conseguir un objetivo;
con el tiempo se puede convertir en una forma de existencia
y dejar de ser un camino hacia algo.
Toda enseñanza es válida
sólo hasta el punto en que te dé estímulo
para encontrar en ti una Conciencia Superior.
No seas tan ignorante de pensar
que se te va a regalar esta Conciencia.
Sólo con tu esfuerzo la puedes conseguir.

Caminar es muy difícil.
La mayoría de los hombres andan.
Ver es muy difícil.
La mayoría de los hombres miran.
Oír es muy difícil.
La mayoría de los hombres están sordos.
Y ¿cuántos de ellos
aguantarían por un momento que les dijeran:
«Andáis sin caminar,
miráis sin ver
y estáis sordos creyendo oír»?

Sé cauto como la serpiente.
Los acechos del Sendero son miles.
La vela ha de ser continua
si no quieres hundirte en la oscuridad de la noche.
Sé cauto como la serpiente.

Cuando un ser humano se mira en un espejo,
cree que se está viendo a «Sí Mismo».
¡Qué iluso! Sólo él cae en la trampa.
Si un gato se mirara en un espejo
pensaría que hay otro gato frente a él.

Cada paso del Espíritu
es una vida en el Plano Físico.
Así va exteriorizando su Todo,
y cada vez está más cerca de la cima
de «Toda Conciencia de Sí».

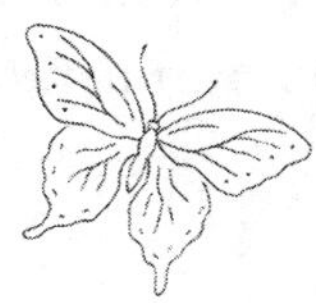

¡Si mis dedos supieran cuando toman la comida
a quién alimentan!
¡Si mis pies supieran cuando andan
a quién llevan!
¡Si mis labios supieran cuando se mueven
quién habla!
¡Si mis ojos supieran quién ve por ellos!
Habrían descubierto a Dios.

Una de las cosas que caracteriza al necio
es creer que todo el mundo lo es.
Y, sin embargo, no se ha parado a pensar
que tan sólo ve su reflejo en los demás.
Una caña hueca de río vería huecas a todas las cañas,
aunque fueran cañas de azúcar.

Lograr desprenderse de todo en esta vida
es una meta loable.
Muy pocos remontan la corriente
de las ilusiones vanas.
Todo deseo que no se extingue al nacer en nosotros
se multiplica más que una rata en la abundancia.
Lo que en principio se tira con un soplo
después ni aun con un huracán se caería.

Cada uno de nosotros es un Centro del Todo
dentro del Todo Abarcante.
Cada uno de nosotros es una posibilidad
del Todo Abarcante en «Sí Mismo».
Aquellos que tomen conciencia de esto
¿dónde tendrán su límite?

Yo soy el Camino y la Vida para mi Todo.
Que cada uno tome su Camino y su Vida,
porque tomando mi Camino y mi Vida
se aleja de «Él Mismo» y de Mí.

El Camino del Desprendimiento o muerte
es penoso para los ojos físicos.
Mas para los que ven más allá del cuerpo planetario
es simplemente un desenredar
los centros por los que fluye
la conciencia hasta él.
Muchos hermanos desde el plano astral
hacen este trabajo,
y al final de él
¿qué queda ante nuestra vista
sino un cascarón sujeto
a un proceso de integración
en el Todo Planetario?

Una hoja le dijo a otra:
«Cuando venga el otoño, tú y yo dejaremos de ser».
Y la otra le contestó:
«Se me ha enseñado desde pequeña
que es una ilusión considerarse una hoja.
Y desde siempre supe que soy
"todo el árbol menos yo".
Entonces, cuando se vaya la hoja de mí,
seré más el árbol».

Hay tres tipos de hombres,
me dijo un día mi hermano, el Silencio:
los que huyen de mí porque temen
mirarse en mí su rostro.
Los que me buscan entre los ruidos
del mundo de fuera
y nunca me encuentran.
Y aquellos que me han hecho
un altar en su corazón
y me rezan todos los días
hacia dentro.
Y todos los días los llenan
de sacrificios hacia dentro.
A estos últimos les daré mi lengua.

¡Con cuántos ojos se ve
la mortecina luz de esta vida!
¡Con cuántos ojos miramos
las mismas estrellas!
¡Con cuántas manos queremos retenerla!
Como si esta vida se pudiera parar un momento.
Como si fuéramos lo mismo siempre.
Cientos de miles son los «yos»
que forman a un hombre.
Son como gotas de agua
que caen sin aprovecharse sobre el campo.
¡Qué pocos logran que todas converjan
formando un río!

Mirando las estrellas se despertará tu intuición.
Observa cuán pequeño eres en El Sendero.
Mirando las hormigas se despertará tu instinto.
Observa cuán grande eres en El Sendero.
Mirando a tus semejantes se despertará la
Comprensión.
Observa qué haces de tu camino.

¿De qué le sirve a un ser
creer en una sola existencia
sobre la superficie de este planeta,
si en conciencia no se trasciende al máximo en ella,
para escalar la Eternidad?
¿De qué le sirve a un ser
creer en muchas existencias enlazadas
si esto no lo motiva a trascenderse cada vez más,
para escalar etapas más altas
en el Conocimiento de Sí?

Lo que se entiende por «La Ley de
la Reencarnación» es una explicación
superficial e incompleta
de la verdadera
«Ley de los Ciclos del Todo Abarcante».

Si te das, no olvides dar las gracias
a aquel que te permitió dar.

Cuanto más te cuesta lo que dejas,
más amplia libertad conquistas.

Los métodos sólo son útiles para ti
cuando nacen de ti.

Nadie puede ahondar tanto en tu corazón
como para decirte qué has de hacer.
Sólo tú puedes hacerlo.
Seguir al virtuoso de nada te sirve,
si no llegas a serlo «Tú Mismo»
y con tu particularidad.

Sé como las abejas,
no seas como las avispas.

No digas: «Los espinos deben quemarse».
Búscales su utilidad.

No critiques a la cigarra ni al grillo,
para alabar la labor de las hormigas.

Aprende a escuchar el Silencio.
Aprende a oírlo entre las palabras y céntrate en Él.
Aunque estés rodeado de ruidos,
tú escucharás el Silencio.

Mira con piedad
a quienes hacen de sus vidas un acto ruin.
Pide fuerzas para que puedan superarse.

Cuida a los ancianos.
Ellos son las raíces de la tierra del pasado.
Cuida a tus hijos.
Ellos son las ramas en el aire del futuro.

El ignorante ha de perder lo que tiene
para saber su valor,
porque no lo conoce.

Nunca acumules riquezas,
porque ellas pueden dividir tu corazón
y desviar los pasos de tu Quietud Interior.

Al Amor no lo ates, ni lo definas,
ni lo personalices.
Cuando se ve a la rosa, sobran las palabras.

Nunca juzgues a los demás
por lo que te digan de ellos.

Hay una parte de Ti ya realizada
que dirige al resto hacia la Realización.
Es tu Conciencia.
Fortalécela al seguirla,
no la ahogues.

Nada das si das lo que te sobra.
Piensa que eres tú el que necesita ayuda
y no el que la pide.

Sólo la Ignorancia hará
que notes separación entre lo que ves como tuyo
y lo que ves como no tuyo.

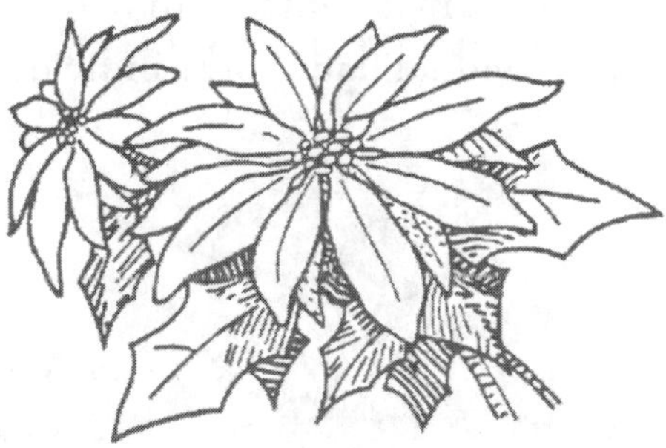

Darse a los demás es maravilloso,
pero más maravilloso es saber Darse
y cómo Darse en cada uno.

Tu hogar es el mundo.
Tu techo las estrellas.
Y tus hermanos todos los hombres.
Tu lenguaje es el Amor.

Todo el malentendido que ciega al mundo
nace del intervalo que existe
al tratar de transmitir un pensamiento,
un sentimiento o un acto
de una individualidad a otra individualidad.

Aprende a distinguir la Conciencia Esencial
de la conciencia creada en ti
a través de las normas y los principios humanos.

El ignorante llama oculto
a lo que no entiende.

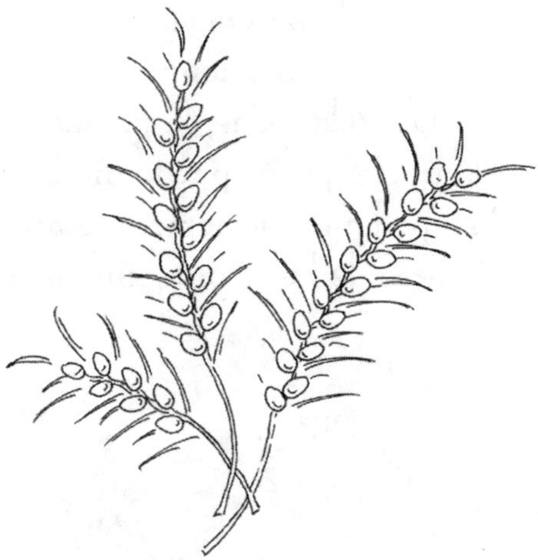

¿Qué pensaría de un río el chopo?
¿Qué diría un pez del aire?
¿Qué diría un hombre del Anha?
Así, los dioses se bañan en el aire
y muchos bucean hasta nosotros
desde la superficie donde son
más reales las estrellas.

Tres son las influencias
que dirigen la vida de un hombre:
las estrellas de su nacimiento,
la herencia y
la educación.
De todas ellas, la última
es la única que se puede modificar.
Así, podemos acelerar o retardar
el curso de los acontecimientos.

Ignorante es aquel
que culpa de sus desgracias
a alguien fuera de «Él Mismo».
Más ignorante es aún aquel
que piensa que alguien es malo
porque le causa el mal.
O que alguien es bueno
porque le trae el bien.
El mal y el bien están dentro de cada cual.
Eso lo sabe el sabio
y por ello nunca juzga,
sino que se juzga.

Una alondra no puede vivir
en la cautividad de una jaula.
Menos aún lo haría el ruiseñor.
¿Por qué el hombre se empeña en esclavizar
lo que sólo puede ser no esclavo?
¿En atar lo que la Santa Naturaleza
hizo suelto?
El sabio oye al ruiseñor
en su no esclavitud
y nunca enjaularía a una alondra.
Prefiere oír la vida a los quejidos de la muerte.

A pesar de tener dos ojos sólo vemos oscuridad.
A pesar de tener dos oídos no escuchamos el silencio.
A pesar de tener una boca no sabemos pronunciar la
Palabra Viva.
A pesar de tener dos brazos no sabemos retener ni dar.
A pesar de tener dos pies no vamos a parte alguna.
El sabio sabe todo esto
y aun de esto saca enseñanza.

El pez sólo conoce al sol
por el reflejo que hace sobre el agua.
Pretender buscarlo en ella es imposible.
Esto mismo le ocurre al hombre en otro nivel.
Por eso el sabio por las características del reflejo
sólo estudia el agua y no el sol.

La Vida ha de ser tu Bienamada.
Si sacrificas la Vida por tu Bienamada,
de Ella merecerás que se sacrifique por ti.

El agua sólo es buena
para los que no tienen la cara limpia.
Mas el Agua Viva sirve para crecer.
El sabio sabe distinguir entre estas dos aguas:
con una lava sus culpas,
con la otra madura sus esperanzas.

A aquello que sirve el hombre, lo define.
Servir a la pasión es ser pasión.
Servir al equilibrio es ser equilibrio.
Busca con esmero a tu Señor
porque de él dependerán todos tus pasos.
No por lo que salga de su boca,
sino por lo que haga de tu presencia.

Muchos no quieren saber
que se irán de este mundo con
las manos llenas de vacío.
A muchos les cuesta saber
que ninguna riqueza vana podrán
pasar de contrabando.
Sólo las obras quedan en su ser
como una vestidura transparente
que se puede convertir en una túnica o una mordaza.

La envidia nace de creer
que aquello que está fuera de ti
no es «Tú Mismo».

La codicia nace de pensar
que tu personalidad
o el papel que has tomado en esta existencia
es eterno.

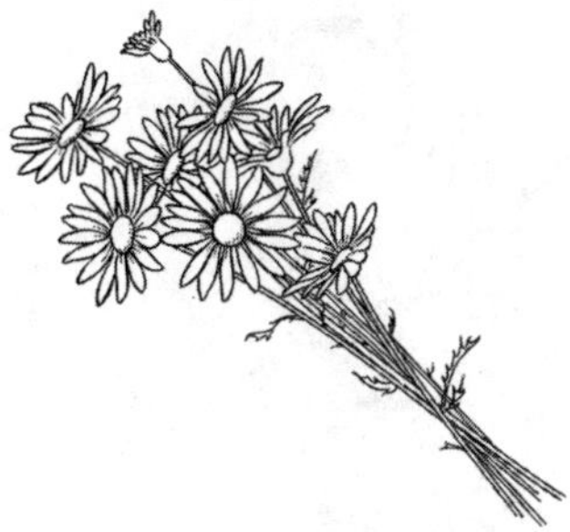

La gula nace cuando,
cuidando demasiado el cuerpo físico,
no se le pide nada útil a cambio.

Cada Ser vive en el tiempo
que crea su «Conciencia de Sí»,
porque es la única forma de aprehender
aquella parte de «Sí Mismo» que le refleja el entorno.

Nunca digas: «Éste es mi amigo,
o éste es mi enemigo».
Muestra afecto por todos,
porque no sabes quién te ayuda realmente.

Caminar es andar conscientemente.
Muchos son los que andan
y pocos los que caminan.

Todo deseo es una ilusión
y, como la pompa de jabón,
al querer poseerlo se desvanece.
Hijo de este planeta,
procura siempre que tus deseos
no tiren de ti hacia la Involución.

No des a un imbécil una perla;
puede jugar con ella a las canicas.
Si das la perla a un científico,
la cortará en trozos y la matará
para encontrar la vida, ¡pobre ingenuo!
Si das la perla a un sabio
sabrá que le has dado la luna.

Veo cómo el hombre contamina las aguas.
Y cómo el hombre contamina el aire.
Y cómo el hombre contamina al hombre.
Y veo cómo el hombre ha ideado medios
para destruir al hombre.
¡Quién, viendo esto, no comprende
el Silencio de los Sabios Antiguos!

Como el árbol,
descubre dónde están tus raíces
y dónde tus ramas.

El lecho seco de un río
espera ansioso el invierno.
El sabio espera ansioso
Darse Conscientemente.

Que las fichas que, desde la toma
de tu vehículo planetario,
han ido fijando en tu cerebro
las circunstancias de tu educación
no te hagan su esclavo.
De ellas te has de servir
para ser «Tú Mismo»
en el papel que has de representar en este mundo.

Cuando era niño
los helechos del jardín me parecían gigantes.
Cuando fui mayor vi que eran enanos.

El canto del pajarillo
es mejor oírlo en la Naturaleza.

No legues riquezas mundanas
a tus descendientes.
Légales el equilibrio de tu ejemplo
y el equilibrio de la ética.

Cualquier individualidad en el Universo
sintetiza en «Sí Misma», por analogía, al Todo.
Y a la vez es una parte de Él.

Recuerda, ¡oh, hermano!
que todos los atributos de Dios son los tuyos.
Mira que tu exterior es el Suyo
y que tu interior es el Suyo.
Tú eres Él, que va tomando «Conciencia de Sí»
en tu nivel, tu grado y tu particularidad.

Procura que la energía sexual no te esclavice.
Si la proyectas hacia fuera de ti,
que sea para traer la vida física al planeta.
Si la proyectas hacia dentro de ti,
transmútala en violeta.

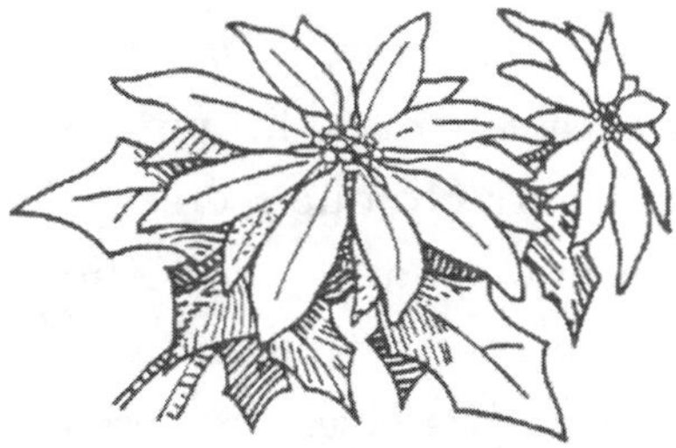

O le impones tu paso a la vida
o la vida te impone su paso.
No olvides que las estrellas marcan tu camino,
pero los pasos los haces tú.

No es correcto exigir a otros
lo que no te exiges a «ti mismo».
No es correcto criticar en otro
lo que tú siendo él harías de la misma forma.
No es correcto que gobiernes en los demás
lo que no eres capaz de gobernar en «ti mismo».
No es correcto prometer cosas
sin conocerte lo suficiente
como para saber que las puedes realizar.
No es correcto que recibas honores
por el trabajo que han hecho otros.
No es correcto que transmitas a los demás
hechos que no has vivenciado en «ti mismo».
No es correcto que andes detrás de nadie
sin saber quién eres tú.
No es correcto que juzgues a otros
por lo que te dicen de ellos.
No es correcto que digas seguir algo
porque fue lo único que te enseñaron.
No es correcto que ante una ofensa
no te mires imparcialmente
y veas si es cierta en ti.

Todo está perfectamente
hecho para un fin.
Descubre tu fin
y el secreto de la Naturaleza
se abrirá ante ti.

Si deseas llegar a ser «Tú Mismo»:

Deja de ser cómodo. Se te puede ayudar a señalar tu camino pero sólo tus pasos lo andarán. Nunca dejes lo difícil a otro, hazlo tú.

Procura ser constante. Un poco cada día hace más que mucho durante poco tiempo.

No olvides observarlo todo. Todo cuanto te rodea tiene un mensaje que dejarte.

Cuando vayas descubriendo dentro de ti, siémbralo en los corazones de aquellos para los que tú eres la lluvia de su crecimiento interno.

No sigas a nadie de fuera de ti. Piensa que todo el mundo de fuera es tu reflejo. Tal vez al verte reflejado en un espejo limpio desees seguirlo, pero no olvides que se trata de un espejo donde tú contemplas a un nivel de ti.

El Amor serás «tú mismo» si has llegado a ser Uno en todos. Y ¿qué tendrás ya tuyo? Es más: el término tuyo *no existirá más en ti.*

Cuando inicies todo esto nunca más estarás solo, porque tendrás por compañeros el Silencio y la Soledad. Ellos te abrirán su corazón.

Sólo entonces, cuando seas «tú mismo», podrás Dar algo al mundo.